LAZARE HOCHE

GÉNÉRAL RÉPUBLICAIN

Par H. CARNOT

MEMBRE DE L'ASSEMBLÉE NATIONALE

Ce fut un de ces hommes qui, dans les temps de ré-
volutions, se font jour à travers la foule, et sont portés
au premier rang par leur supériorité naturelle.

Plusieurs biographes de Hoche lui ont appliqué
cette pensée de Montesquieu. Nul en effet ne l'a
mieux mérité : sorti du milieu le plus humble, il
a pris place parmi les plus grands hommes d'une
époque qui n'en fut point avare,

Lazare Hoche, né à Versailles le 24 juin 1768, était
le fils d'un garde chenil dans la vénerie de Louis XV.
Lui-même entra dans les écuries royales, à qua-
torze ans, comme palefrenier surnuméraire. Parvenu
aux grades supérieurs de l'armée, il nourrit de ses
appointements son père, ancien soldat, qui lui sur-
vécut, et qui assista en cheveux blancs à ses funé-
railles.

Quant à sa mère, Hoche ne la connut pas : elle
mourut deux ans après sa naissance; mais fut heu-

reusement remplacée auprès de lui par une tante, marchande de légumes, pour laquelle il conserva toujours la plus touchante reconnaissance. Dans un de ses derniers voyages à Versailles, le général en chef de l'armée de Sambre-et-Meuse vint, avec plusieurs de ses amis, rendre visite à la vieille femme, dans sa petite boutique sur le marché.

Elle avait payé ses mois d'école et acheté ses premiers livres. Ceux de Jean-Jacques Rousseau lui passèrent, dit-on, par les mains dès cette époque, bien qu'il fût enfant de chœur du curé de Saint-Germain-en-Laye, qui l'avait pris en affection.

Il lisait aussi avec ardeur, selon ses biographes, et nous le croyons sur parole, des romans et des voyages. Ces lectures excitèrent son imagination : il forma, avec trois camarades, le projet de prendre un engagement militaire pour les Indes Orientales ; mais, grâce à un subterfuge du sergent recruteur, Hoche se trouva enrôlé dans les gardes-françaises et envoyé au dépôt de Paris. Le prix de sa liberté, 125 livres, fut absorbé par un déjeuner de bien-venue ; il avait alors seize ans.

Hoche ne pouvait tarder à se faire distinguer dans sa nouvelle position : il se serait fait distinguer dans toute autre. Il franchit en un mois des difficultés qui retiennent souvent une année entière. Nous le voyons successivement caporal, sergent, instructeur des recrues. Ses chefs le choisissent parmi ses camarades, et ses camarades le demandent pour chef.

Si le jeune Hoche est chargé de l'instruction des autres, c'est que, ayant senti lui-même combien la sienne était incomplète, il a fait d'immenses efforts pour la développer. Il a loué ses robustes bras à des jardiniers de la banlieue ; il a bêché leur terrain, arrosé leurs légumes ; la nuit, il a brodé des vestes et des bonnets de police vendus au café Cuisinier, près du pont Saint-Michel ; le tout pour gagner un peu d'argent et acheter des livres : il étudie.

LAZARE HOCHE

GÉNÉRAL RÉPUBLICAIN

Par H. CARNOT

MEMBRE DE L'ASSEMBLÉE NATIONALE

I. R.

PARIS

SOCIÉTÉ DU PATRIOTE, 6, rue Ste-Catherine-d'Enfer
GERMER—BAILLIÈRE, 17, rue de l'École-de-Médecine
LIBRAIRIE DE LA BIBLIOTHÈQUE DÉMOCRATIQUE
Place des Victoires, 9

—

1876

Mais cela ne l'empêche pas de prendre part aux amusements de ses camarades et d'être leur plus joyeux compagnon, le premier au plaisir comme au travail. Ne conseillons pas ce cumul à des natures moins exceptionnelles que la sienne.

Voici le portrait que trace de lui un biographe qui l'a connu seulement vers la fin de sa vie ; mais entre le début et le terme de cette vie glorieuse, il y a si peu de distance, que le portrait du caporal Hoche et celui de Hoche général en chef doivent se ressembler beaucoup.

« Sa taille est haute d'environ 5 pieds 7 pouces ; ses formes mâles et prononcées sont en même temps sveltes et élégantes ; ses épaules sont fortes, mais bien effacées ; sa poitrine s'avance avec un peu de la roideur que donne la tenue militaire. La cicatrice légère qu'il porte du milieu du nez à l'extrémité du front, sur le côté droit, loin de défigurer ses traits, leur donne un air plus martial ; sa bouche est petite, ses dents belles ; sa physionomie est spirituelle ; le caractère qui la domine est la sévérité ; et quoiqu'un extrême désir d'être agréable l'adoucisse souvent, des yeux pénétrants ne peuvent s'empêcher d'y voir un certain effort que lui fait faire le désir de plaire. »

Qu'est-ce donc que cette cicatrice qui descend entre ses yeux ? il n'a pas encore fait face à l'ennemi. C'est la trace d'un duel ; mais ce duel ne fut pas une incartade de jeunesse. Hoche s'était fait le champion de ses camarades opprimés par un bas officier dénonciateur. On se battit près des moulins de Montmartre, le 28 décembre 1788, par un froid rigoureux, ayant de la neige jusqu'aux genoux. L'adversaire de Hoche fut grièvement blessé et dut quitter le régiment ; il émigra deux ans plus tard et périt en combattant la France. Hoche recueillit, avec sa belle cicatrice, l'estime et l'affection de ses camarades.

Il eut une autre querelle, qui avait commencé au

théâtre, avec le futur conventionnel Legendre. On alla sur le terrain; mais le témoin de Legendre, qui n'était autre que son ami Danton, arrêta le combat par de bonnes paroles, qui devraient toujours avoir le même succès : « Qu'allez-vous faire, leur dit-il, est-ce qu'on met le droit de son côté en égorgeant un homme? Le vainqueur n'aura fait que commettre un crime. Tous les deux vous avez tort : tendez-vous la main. »

Hoche était-il donc un duelliste? On en jugera par cette lettre, écrite à l'un de ses camarades en 1795, quand il était devenu un général illustre et puissant; nous ne trouverions pas une meilleure occasion de la citer :

« La personne qui avait cherché, et malheureusement réussi, à m'indisposer contre toi mérite si peu notre estime, que je te prie d'oublier jusqu'au souvenir d'un tort réel que j'ai envers toi, et que je m'empresse de réparer. »

Le courage de Hoche et ses sentiments de justice le prédisposaient à embrasser chaudement les idées nouvelles. Il eut un rôle actif dans ces premiers jours de la Révolution, où les gardes-françaises se mêlèrent aux mouvements du peuple parisien. Le 5 octobre, il marcha (c'est lui qui le raconte) à l'avant-garde de ceux qui allaient chercher à Versailles le dernier des Capets. On dit qu'une dame de la cour, admirant son air martial et son attitude de commandement, ne put retenir cette exclamation : « Voici un jeune sergent digne d'être général! » Et cette exclamation ne doit pas nous étonner, après la lecture que nous venons de faire tout à l'heure du portrait de Hoche.

Hoche était donc un ami de la Révolution, mais non pas un ami du désordre. Lafayette déclare l'avoir vu s'opposer courageusement à la foule irritée qui voulait envahir les chambres de la reine. On l'avait vu aussi, pendant les troubles qui précédèrent la prise de la Bastille, défendre la caserne de la rue Verte avec un peloton de recrues et d'enfants, et tenir tête à plus de six mille assaillants qui cherchaient à s'emparer des armes.

Le corps des gardes-françaises, ayant été licencié, fut fondu dans la garde nationale soldée de Paris; Hoche y trouva place comme adjudant sous-officier. Un jour de manœuvre, aux Champs-Élysées, le ministre de la guerre Servan voit un peloton remarquable par sa tenue et par la précision de ses mouvements : « Quel est, demande-t-il, ce jeune homme qui conduit si bien sa compagnie? » On lui présente Hoche; il l'avait déjà eu sous ses ordres; il lui adresse des paroles flatteuses et lui expédie un brevet de lieutenant au régiment de Rouergue. Hoche quitte Paris le 24 juin 1792, et va rejoindre son corps à Thionville, la première place assiégée par les coalisés envahissant notre territoire.

Voici le jeune guerrier lancé dans cette carrière où il doit recueillir tant de gloire. Nous nous sommes attardé à raconter la préface de sa vie, parce qu'on aime à voir germer un grand arbre.

Le général Le Veneur, commandant de l'armée des Ardennes, s'attacha Hoche comme aide-de-camp, lui témoigna une affection paternelle et l'employa à des missions difficiles, qui lui donnèrent l'occasion de se former. C'est ainsi qu'après la trahison de Dumouriez, Hoche fut envoyé à Paris pour conférer avec le gouvernement et avec les chefs de partis, sans excepter Marat, qui exerçait alors une assez grande influence.

Cette trahison de Dumouriez ouvrit une ère de défiance dont plusieurs généraux furent victimes : après le criminel exemple d'un homme justement illustré par ses services, aucun chef militaire ne fut exempt de suspicion. Le Veneur, qui, par sa naissance, appartenait à l'aristocratie nobiliaire, ne pouvait y échapper : ordre fut donné de l'arrêter; et son aide-de-camp, ayant pris fait et cause pour lui, se vit compris dans la même mesure. Hoche écrivait au moment où les gendarmes se présentèrent chez lui ; il remit ses papiers à leur chef : « Voici, dit-il, la preuve du complot que nous tramions contre la République. »

Ces papiers contenaient la minute d'un plan de campagne en Belgique. Envoyés au Comité de salut public, ils tombèrent dans les mains de Carnot. Celui-ci, après en avoir pris lecture, dit à ses collègues : « Voilà un officier d'infanterie qui fera du chemin. »

Et l'officier d'infanterie reçut des lettres de service pour l'armée du Nord, avec le grade d'adjudant major et un poste de confiance, le commandement de Dunkerque, investi à la fois par les Anglais et les Autrichiens. Les Anglais attachaient une grande importance à la possession de cette place ; nous ne devions pas en mettre une moins grande à la débloquer : « Le salut de la République est là, » avait écrit Carnot. »

Hoche ne pénétra pas sans peine dans la ville, et il n'y perdit pas son temps : il en chassa d'abord les agents de l'ennemi, rétablit la discipline relâchée, harcela les assiégeants par de fréquentes sorties ; ses paroles, ses proclamations, son exemple, électrisèrent les esprits et entretinrent les sentiments de patriotisme et de liberté. On a conservé quelques-uns des mots d'ordre donnés par lui à sa garnison :

Cassius — Sparte.

Despotes — Mort.

Montagne — Postérité.

Liberté — Univers.

Le siége de Dunkerque fut levé à la suite de la victoire d'Hondschoote, dont il est juste de faire honneur au général Houchard, mais en réservant une part notable à l'habile concours de ses lieutenants Hoche et Jourdan, qui tous deux sortirent de là généraux d'armées. Houchard, malheureusement, ne sut pas profiter de la retraite précipitée des Anglais pour les accabler. « Il n'en devrait pas échapper un seul, » s'écriait Hoche plein de colère.

Ces événements se passaient les 7, 8 et 9 septembre 1793. Dès le 12, Hoche écrivait : « Les ennemis ne sont plus devant Dunkerque; veuillez bien m'employer où besoin sera, le repos est une peine pour moi. » Il venait de passer six semaines sans se déshabiller, et contraint, par l'excès de la fatigue, de garder le lit pendant deux jours, il les occupa à la rédaction d'un projet de descente en Angleterre. « Depuis le commencement de la campagne, dit-il à un membre du Comité de salut public, je n'ai cessé de croire que c'était chez eux qu'il fallait aller combattre les Anglais. » Nous verrons plus tard comment il essaya de réaliser cette idée.

Hoche reçut le commandement de l'armée de la Moselle à vingt-cinq ans. Bonaparte était moins jeune quand il partit pour l'Italie.

Bonaparte dit à ses soldats : « Vous êtes mal nourris et presque nus. Je vais vous conduire dans les plus fertiles plaines du monde; de riches provinces, de grandes villes seront en notre pouvoir; et là vous aurez richesses, honneur et gloire. »

Voici le langage que Hoche adresse aux siens : « Nous allons propager la liberté. Vous avez déjà fait beaucoup de sacrifices pour elle, mais que ne devez-vous pas faire encore ? » Il ajoute : « Propager la liberté, ce n'est pas assez : il faut la faire aimer. »

Hoche se montra sévère pour les désordres, impitoyable pour le pillage, et de même qu'on l'avait tiré des rangs inférieurs, il en fit sortir, à son tour, des officiers qui ont depuis honoré la France. Citons parmi ses lieutenants : Moreau, Championnet, Soult, Desaix, Andréossy.

La situation militaire n'était pas bonne; les

coalisés avaient fait des progrès inquiétants, ils avaient forcé les lignes de Wissembourg; ils occupaient Mayence; ils bloquaient Landau; nos colonnes se repliaient sous les canons de Strasbourg. La situation morale était pire encore, l'ennemi étant parvenu à répandre chez nous l'idée de sa supériorité; de là une grande inertie parmi les chefs, un grand découragement parmi les soldats. L'arrivée d'un nouveau général peu connu ne semblait pas devoir amener un changement favorable. Mais celui-ci déploya si vite les qualités du commandement, ferme, actif et sûr, qu'un officier de son état-major, à la première vue, s'écria : « Notre général m'a paru jeune comme la Révolution, robuste comme le peuple; espérons, mes amis; il nous conduira comme des Français doivent l'être. »

Le Comité de salut public, en confiant à un chef aussi jeune une mission si importante, l'avait mis en garde contre son excès d'ardeur : il lui avait prescrit de donner la main à Pichegru, commandant de l'armée du Rhin, afin d'accabler ensemble les Autrichiens. Hoche, jaloux peut-être d'agir seul, suivit le duc de Brunswick, qui faisait un mouvement de retraite, et l'attaqua dans une position formidable, à Kaiserslautern. La lutte dura trois jours; elle fut acharnée et se termina à l'avantage du vétéran de Frédéric II. Son jeune adversaire perdit près de trois mille hommes et dut abandonner la partie; mais en ralliant ses troupes et en disant aux représentants du peuple : « Ne vous inquiétez pas, j'ai d'autres moyens. »

Le Comité de salut public n'était pas tendre pour les généraux vaincus. Mais Carnot connaissait la valeur de son protégé; il savait que sa promesse aux représentants n'était pas un vain mot; il lui écrivit :

« Un revers n'est pas un crime, lorsqu'on a tout fait pour mériter la victoire; ce n'est point par les événements que nous jugeons les hommes, mais par leurs efforts et par leur courage. Nous aimons qu'on ne désespère point du salut de la patrie. Notre confiance te reste. »

Hoche fit alors ce qu'il aurait dû faire tout de suite : il se porta à travers les Vosges, par un temps et des chemins affreux, sur l'extrême droite des Autrichiens. Pichegru manœuvrant de concert avec lui sur leur gauche, ils se trouvèrent séparés de leurs alliés, pris entre deux feux et contraints de reculer.

Les deux armées républicaines avaient fait leur jonction ; mais auquel des deux généraux devait appartenir le commandement suprême ? Pichegru était le plus ancien et le plus âgé ; il était favorisé par Saint-Just, le tout puissant proconsul de la Convention en Alsace, et par son collègue de mission Lebas. Mais deux autres représentants qui se trouvaient sur place, Baudot et Lacoste, investirent Hoche de ce commandement, sans même l'en prévenir. Avant de ratifier leur choix, qui d'ailleurs était tout à fait de son goût, Carnot leur écrivit : « Ne prenez aucun parti décisif sans avoir conféré avec Saint-Just et Lebas ; il serait cruel qu'un défaut d'intelligence entre les représentants du peuple ou entre les généraux fît manquer un succès duquel dépend le salut de la République et que la nation attend avec impatience. » — Saint-Just entendit ce langage et fit taire son orgueil offensé. « Devant l'ennemi, dit-il, il faut apaiser l'amertume pour ne se ressouvenir que de la patrie. »

Hoche cependant ne tarda pas à justifier la faveur insigne du Comité de salut public. C'était le moment décisif de sa vie : « Je suis à la veille du plus beau ou du dernier de mes jours, » écrivait-il, le 25 décembre 1793, à son ami le général Le Veneur. Le lendemain, en effet, l'armée s'ébranle aux cris de : « Landau ou la mort ! » — Les lignes de Wis-

sembourg sont reprises, la ville de Landau est dé-
bloquée, l'Alsace est reconquise.

Ces grands succès furent dus à l'habileté militaire
de Hoche, comme aussi aux moyens ingénieux et
généreux par lesquels il savait élever le moral de
ses soldats. Exemples : Un régiment montre de la
mauvaise volonté ; le général déclare que les mutins
n'auront point l'honneur d'aller au premier combat,
et les mutins viennent lui demander en grâce d'être
placés à l'avant-garde. Une autre fois, pendant que
les canons ennemis tonnent sur son armée, Hoche
les met à l'encan : « A 600 livres la pièce, mes camarades, » s'écrie-t-il. Il y en avait vingt-deux ;
dix-huit furent enlevés ; et les représentants du
peuple, pour faire honneur à l'engagement du général, payèrent le prix convenu. — Son esprit de
saillie ne l'abandonnait pas plus que son sang-froid
sur le champ de bataille. Un boulet autrichien tue
le cheval qu'il montait : « Ces messieurs, dit-il,
voudraient me faire servir dans l'infanterie. » — Le
général Lefèvre, chargé de reprendre le fort Vauban,
semble hésiter : « Va donc, lui dit Hoche, on n'a
pas besoin d'être un Vauban pour prendre le fort
Vauban. » — Hoche répétait souvent cette maxime,
dont il finit par faire sa devise : « Des faits, non des
paroles » (*Res non verba*). « La réflexion doit pré-
parer, disait-il aussi, la foudre doit exécuter. »

Hoche avait acquis la gloire ; il chercha le bon-
heur. Pendant une fête donnée à Thionville, aux
vainqueurs de Wissembourg, ayant remarqué une
jeune personne, fille d'un garde-magasin des vivres,
il la demanda en mariage. « Notre fille n'est point
faite pour un général, répondit le père surpris d'un
tel honneur ; elle est destinée à un sergent, à un
lieutenant, tout au plus à un capitaine. » — « Je
suis général républicain, dit Hoche, j'étais sergent
il y a quatre jours. » — Les deux filles du garde-
magasin Dechaux épousèrent, le 11 mars 1794, deux

amis, le général en chef Lazare Hoche et le colonel d'artillerie Debelle, qui devint peu de temps après général aussi, fit l'expédition d'Irlande avec son beau-frère en 1797 et mourut à Saint-Domingue en 1802.

Cependant la rapide fortune militaire de Hoche, si méritée qu'elle fût, avait suscité bien des jalousies : on lui contestait ses actions le plus notoires, ses succès les plus personnels; ni Pichegru, ni Saint-Just ne pouvaient lui pardonner la préférence dont il avait été l'objet. Hoche, d'ailleurs, s'était aliéné complétement l'orgueilleux proconsul en refusant de lui communiquer ses plans de campagne : « J'ai besoin du secret, je réponds de la victoire, » avait-il dit, et Saint-Just avait ajourné sa colère.

Les contrariétés qu'il éprouvait paraissent aussi avoir engendré chez Hoche une irritation par laquelle il se laissait dominer, et qui se manifeste dans sa correspondance de cette époque. Lui-même en avait certainement conscience, car il dit quelque part : « J'affectais une torpeur inconcevable; je donnais les ordres les plus singuliers. » Il convient également de sa désobéissance hautaine envers le Comité de salut public, désobéissance dont il faisait en quelque sorte parade : si bien que son paternel ami, le général Le Veneur, ne put s'empêcher de lui écrire : « Je crois que vous faites fausse route. »

Une telle situation ne pouvait se prolonger; Hoche, qui le sentait, demandait à être déchargé d'un double commandement. Il dut quitter l'armée de la Moselle pour celle d'Italie. Voici ses adieux aux soldats qu'il avait glorieusement conduits dans la ligne du devoir :

« Citoyens, le service de la République, notre mère commune, m'appelle ailleurs; continuez à bien mériter d'elle, comme vous l'avez fait jusqu'à en jour. Le nom de votre nouveau chef (c'était Jourdan) a déjà frappé vos oreilles. Avec lui, vous ne pouvez, braves camarades, qu'anéantir les tyrans coalisés contre notre sainte liberté. Vive à jamais la République, une et indivisible! »

C'est le langage d'un vrai patriote, d'autant plus méritoire que Hoche était profondément ulcéré par des inimitiés imméritées. « Rien ne peut changer la mélancolie qui me consume, » écrit-il au citoyen Dulac (21 ventose an II). Ce triste épanchement, déposé dans le sein d'un ami, montre la disposition qu'il emportait dans son nouveau poste, et qu'il ne prit aucun soin de dissimuler. A peine était-il arrivé à Nice que deux arrêtés du Comité de salut public y parvinrent aussi : l'un lui enlevait la direction de l'expédition d'Oneille, l'autre ordonnait son arrestation. Le membre du Comité de salut public qui lui portait le plus de bienveillance, Carnot, n'avait pu refuser sa signature à un acte commandé par le respect de la discipline.

Hoche, fort de ses bons sentiments, crut qu'il était victime d'une méprise. Il écrivit d'Orange à son beau-père : « Tu as appris, par ma lettre d'hier à Adélaïde, que j'allais à Paris, mandé par le Comité de salut public. J'ignore absolument les motifs de cette espèce d'arrestation. Quels qu'ils soient, n'ayant absolument rien à me reprocher, ma conscience est parfaitement tranquille. »

C'était de trahison qu'on l'accusait. Carnot, chargé de procéder à son interrogatoire, écarta d'abord ce grief et réduisit le tout à ce qui était la vérité : des refus d'obéissance. Puis, voyant dans la disgrâce du général des traces certaines d'inimitiés personnelles, il demanda un supplément d'instruction, afin de faire traîner l'affaire en longueur. La révolution du 9 thermidor vint effacer l'accusation en tuant les accusateurs. Le 17, Hoche était rendu à la liberté. « Je suis libre, rendons grâce au ciel, écrit-il à sa femme en partant pour Thionville; je vais te rejoindre à pied, comme il convient à un républicain. »

On dit que Hoche, prisonnier, chercha dans les plaisirs des distractions à sa mauvaise humeur ; cela prouverait que sa captivité ne fut pas très-dure. Mais nous savons qu'il en chercha ailleurs aussi. Il lut beaucoup, il écrivit beaucoup, et ce repos forcé compléta l'éducation qu'il s'était faite lui-même. Ce que nous constatons également, c'est que son infortune ne porta aucune atteinte à ses convictions politiques : « Dis bien à mes amis que, dans le malheur, mon amour pour la République ne se dément pas, » écrit-il à sa femme ; et une lettre adressée par lui, de la prison des Carmes à Robespierre, le 1er prairial an II, est pleine de témoignages d'admiration pour ce tribun révolutionnaire.

Hoche fut rappelé au service vingt jours après le 9 thermidor. Le Comité de salut public lui confia l'une des armées de l'Ouest, celle des côtes de Cherbourg.

Deux mois plus tard, il écrivait à un ami ces paroles, où nous retrouvons le Hoche d'autrefois : « L'armée de la Moselle était une grande fille que j'aimais comme ma maîtresse ; celle-ci est un enfant chéri que j'élève pour en faire hommage à ma patrie. »

Ce n'étaient malheureusement plus des étrangers, c'étaient des compatriotes qu'il fallait combattre. Cependant, après une première impression pénible, Hoche se mit à étudier ce nouveau théâtre avec autant de sagacité que de patriotisme, et il comprit sa tâche comme ceux qui la lui avaient donnée. « La correspondance du général Hoche, écrit Carnot aux conventionnels en mission dans la Vendée, nous montre un homme éclairé qui veut, comme nous, la fin de cette guerre déplorable. »

« Quelques proclamations feront plus que des pièces de 16, » disait Hoche. Et voici son langage aux habitants des campagnes : « Si je pouvais parler

à ceux qui ne sont qu'égarés, je leur dirais : Cessez, Français, de croire que vos frères veulent votre perte ; cessez de croire que la patrie, cette mère commune et bonne, veut votre sang. Elle veut, par ses lois bienfaisantes et sages, vous rendre heureux ; elle désire que vous soyez libres, tranquilles et égaux... Je ne suis point envoyé pour anéantir la population, mais pour faire respecter les lois,.. J'assure, de la part des représentants de la nation entière, à ceux qui rentreront dans leurs foyers et maintiendront le repos public, paix, sûreté, protection et garantie de leurs propriétés. Je dois déclarer que si, d'après ce que je viens de dire, les rassemblements, les troubles et les pillages ne cessent pas, j'y mettrai toute l'énergie dont je suis susceptible, qu'agissant avec des forces imposantes, je poursuivrai les mutins et les rebelles nuit et jour. »
— Voilà bien l'homme qui posait ce principe : « Il ne faut faire, à la guerre, que le mal indispensable. »

Le Comité, satisfait de trouver un général dont la pensée s'harmonisait avec la sienne, voulut réunir sous son commandement deux armées, celles de Cherbourg et de Brest, environ quarante mille hommes. C'était peu pour occuper 150 lieues de côtes d'un pays inégal et boisé, depuis la Somme jusqu'à la Loire. Hoche, toujours en proie à son humeur morose, qu'il ne se dissimulait pas et qu'il comparait lui-même à celle de Jean-Jacques Rousseau, hésitant, écrivait à Carnot, le 10 vendémiaire an III : « Les maux que j'ai soufferts, qui ont leur source dans l'amitié que m'ont portée quelques hommes, et dans la haine et la jalousie de quelques autres, sont encore trop récents pour que je m'expose à les souffrir encore. » Et presque le même jour, à un intime : « Je devrais être content, je pourrais être heureux ; il n'en est rien, je ne sais quoi me chagrine profondément. »

Hoche, néanmoins, pressé par les représentants en mission dans l'Ouest, accepta l'offre qui lui était faite : « J'obéis, dit-il, puisque l'obéissance est une vertu militaire. »

La guerre de la Vendée eut plusieurs phases. D'abord ce fut une lutte acharnée où les deux partis s'efforçaient de s'exterminer mutuellement. Plus tard, les opérations militaires, dirigées par Kléber et Marceau, prirent un caractère régulier qui donna l'avantage aux républicains. La mission de Hoche, enfin, fut inspirée par un désir sincère de pacification.

Le gouvernement et le général, d'accord sur le but, l'étaient aussi sur les moyens.

Avant même l'arrivée de Hoche, un arrêté du Comité du salut public, du 1er fructidor an II, prescrivait ceci : « Les généraux ne laisseront en garnison dans les places que ce qui est rigoureusement nécessaire pour le service. Tout le reste sera distribué dans divers camps qui se soutiendront les uns les autres et qui seront dans une mobilité perpétuelle. »

Ce système, adopté par le nouveau général, assura son succès. Il substitua les camps retranchés aux cantonnements, où régnait l'oisiveté, où se perdait la discipline, où les soldats, privés de tout contact avec les habitants, n'avaient pas occasion de les rassurer par de bons procédés, et, d'autre part, ne pouvaient pas s'initier eux-mêmes aux manières de combattre des chouans.

« Drôles de gens, écrit le général à ses amis, on ne les voit jamais ; lorsqu'on trouve leurs cachettes, il n'y a personne dedans ; tout disparaît et rentre en terre... Lorsque nous aurons pris un chouan, je m'empresserai de te transmettre cette grande nouvelle. »

L'activité pourtant ne faisait pas défaut ; car, si le Comité avait gourmandé la mollesse de quelques généraux précédents, il ne pouvait adresser un tel reproche à celui qui disait à ses lieutenants : « De la vigueur ! de la vigueur ! de la vigueur ! Parler de repos c'est désirer la ruine de la République, — Le repos est la rouille du courage. — Ne mangez, ne buvez, ne dormez que la batterie ne soit établie. »

Pendant que le général républicain est à la poursuite des chouans, nous allons feuilleter sa correspondance, ainsi que ses instructions à ses lieutenants, pour en extraire quelques passages propres à caractériser l'homme. Nous serions bien trompés si cette lecture ne le faisait aimer : indulgence et grandeur d'âme, tolérance et désintéressement ; toutes les bonnes cordes y vibrent.

« N'oubliez pas que ce sont des Français que vous allez arrêter, et que vous ne devez les traiter en ennemis que lorsqu'ils vous y contraignent par leur rébellion. N'employez la force et la sévérité qu'après avoir épuisé tous les moyens de clémence et de persuasion. » — « Beaucoup ont souffert, beaucoup soupirent après le retour à la vie agricole. Il faut donner à ceux-là quelques secours pour réparer leurs fermes. »

« Si l'on n'admet la tolérance religieuse, il faut renoncer à la paix dans ces contrées. — Qu'on oublie une fois les prêtres, et il n'y aura plus ni prêtres ni guerre. — Laissez tranquilles les diseurs de messe ; allez-y même, s'il est nécessaire. »

Et ce n'est pas un homme irréligieux qui parle, ce n'est pas un sceptique : il attendait la mort le jour où il écrivait à sa femme : « Celui qui préside à tout soutiendra mon courage. C'est dans le sein de l'Éternel que nous nous reverrons. »

On remarque surtout chez lui l'horreur du désordre :

« Le républicain dont les mœurs sont pures, dit-il, fuit la volupté et l'ivresse ; elles dégradent l'âme. Il ne connaît d'autre parure que l'entretien de ses armes et de son vêtement ; il n'affiche pas les vertus, mais elles lui sont chères : il les pratique. »

— « La plus austère discipline doit caractériser les troupes qui composent les armées. Punis rigoureusement les petits vols pour éviter les grands pillages, les fautes d'insubordination ou de négligence dans le service. Fais-moi connaître les officiers qui, par leur conduite, donneront de mauvais exemples : ils seront chassés ignominieusement. »

S'il se départ un moment de cette rigidité, ce n'est pas en faveur de ceux qui doivent donner l'exemple aux autres, c'est avec une sorte de bonhomie envers ceux qu'on peut excuser.

« Mon cher général, si les soldats étaient philosophes, ils ne se battraient pas. Tu ne veux pas qu'ils soient ivrognes ; ni moi non plus. Mais examine quelles peuvent être les jouissances d'un homme campé, et ce qui peut le dédommager de ses nuits blanches. Corrigeons pourtant les ivrognes, surtout lorsque l'ivresse leur fait oublier leurs devoirs. Il est un moyen d'y parvenir : c'est de donner à nos enfants une éducation nerveuse et dont les principes feraient détester l'ivrognerie, les jeux de hasard, la lâcheté et les autres misères de la vie humaine. »

C'est qu'il chérit véritablement le soldat :

. . . . . « L'esprit du soldat est généralement bon ; il aime à bien servir ; mais il veut être commandé et encouragé. Loin de nous ces hommes qui le regardent ou qui le traitent comme un vil mercenaire. La classe des simples fusiliers est la plus pure et la plus estimable de l'armée. Ne devons-nous pas l'aimer, la considérer, et proportionner nos attentions à ses besoins ? Qui ne sait qu'il est tel grenadier doué d'un plus grand sens que son général ? Dans les armées indisciplinées seulement, la multitude peut devenir méprisable par la licence à laquelle elle est abandonnée. Sous de bons chefs, elle reprend ses vertus, elle sert l'État, qui naguère en était opprimé. »

Et il présente lui-même un modèle de simplicité aux *officiers colifichets*, comme il les appelle. La vaisselle de Hoche, parvenu au sommet de la hiérarchie militaire, se composait, dit-on, d'un plat d'étain et de douze assiettes. Il n'échangea son habit sans broderie pour un costume somptueux que dans une entrevue avec l'ennemi, où il représentait le gouvernement de son pays.

A ces traits, où le caractère de l'homme se dévoile si bien, ajoutons-en un autre plus rare. C'est l'absence de tout sentiment de jalousie.

Deux gloires rivales auraient pu surtout faire ombrage à une âme moins grande que la sienne : c'étaient celles de Jourdan et de Bonaparte. Eh bien ! voici ce que Hoche écrivait au vainqueur de Fleurus : « Si je ne craignais d'être importun, j'adresserais quelques lignes à Jourdan. Mais l'écolier a-t-il le droit de distraire le maître ? » Puis, avec une délicatesse exquise, en parlant de son ancienne armée de la Moselle : « Je désire qu'on s'y souvienne qu'autrefois j'y servais aussi. — Lorsque la postérité fouillera votre correspondance, peut-être une lettre de moi, qui se trouvera par hasard, témoignera de votre amitié et me fera échapper à l'oubli. »

Sa conduite à l'égard de Bonaparte est plus belle encore. Des êtres qui, sans doute, jugent Hoche d'après eux-mêmes, lui attribuent l'intention de desservir le jeune conquérant de l'Italie auprès du Directoire. « Brave jeune homme, écrit-il aussitôt, quel est le militaire républicain qui ne brûle du désir de t'imiter ? Courage, Bonaparte ! Conduis à Naples, à Vienne nos armées victorieuses ; réponds à tes ennemis personnels en humiliant les rois, en donnant à nos armes un lustre nouveau, et laisse-nous le soin de ta gloire. »

Voyons enfin le père de famille. Car, à l'heure

même des plus terribles luttes de la Vendée, Hoche, qui allait être père, songeait d'avance aux soins du nouveau-né ; il écrivait à sa femme : « J'exige que mon enfant n'ait pas de maillot. Il ne faut pas qu'il soit serré dans des langes comme dans un étau. Ni lisières ni bourrelet. Laisse-le marcher sur les pieds et sur les mains, sur une couverture en hiver dans la chambre, en été dans le jardin. » — Puis il donne à sa femme des conseils familiers sur sa propre éducation, maintenant qu'elle sera chargée de celle d'un autre. Quelque part il lui dit : « Sois toujours bien républicaine, non pas en parlant politique, mais en ne souffrant pas qu'on avilisse, chez toi ou en ta présence, les lois constitutionnelles, et en pratiquant les vertus. »

C'est en les pratiquant lui-même, pour en donner l'exemple, que Hoche parvint à réprimer l'insubordination et la licence dans son armée, à diminuer la défiance chez les paysans, et à n'avoir plus guère à combattre que des brigands, heureux de pouvoir réduire sa tâche à des recherches de gendarmerie. Reconnaissons le mérite d'une pareille abnégation de la part d'un chef militaire qui pouvait ambitionner des succès plus brillants.

Bientôt il pouvait écrire à un ami : « Nos colonnes mobiles font un excellent effet. Je ne sais pas si le peuple des campagnes n'est pas prêt à s'insurger contre les chouans qui le tyrannisent. » — « Déjà nous ressentons les effets heureux du système de justice proclamé par la Convention nationale. Chaque jour nous amène de prétendus chouans qui ne demandent qu'à vivre tranquilles, et déjà les campagnes ne sont plus aussi désertes. »

Mais tout changea à mesure que la réaction thermidorienne gagna du terrain ; un brusque relâchement dans les ressorts du pouvoir ranima partout le courage des contre-révolutionnaires.

Hoche, à deux mois de distance, est obligé de

tenir un autre langage : « Des chefs qui gouvernent par la superstition et par la terreur, qui ont à leur suite des bandes d'assassins dévoués, meuvent ce peuple avec une grande facilité. » — « Tous les jours les chouans assassinent ; tous les jours leurs cruautés se renouvellent avec une audace inconcevable. »

La Convention, fatiguée de cette longue guerre civile, entre en arrangement avec les insurgés. Hoche en témoigne sa satisfaction, qui n'est pas sans réserve : connaissant ses adversaires, il entrevoit un piége de leur part. « Je ne me réjouis pas d'une pacification illusoire, à l'aide de laquelle des scélérats organisent la guerre. »

Puisaye, l'âme de tous les complots, consigne en effet l'aveu suivant dans ses *Mémoires :* « Loin de nuire aux forces et à l'ensemble des royalistes, l'acte de pacification ne servit qu'à leur fournir de nouveaux moyens d'ajouter aux unes et de consolider l'autre, en leur donnant la facilité d'agir publiquement, et en levant les entraves qui avaient gêné jusqu'alors la liberté des communications. »

Le parti royaliste voulait gagner du temps ; il attendait une grande expédition préparée dans les ports anglais. Les hostilités même ne discontinuèrent pas un moment. « Les chouans ont plus volé, plus incendié et plus massacré de républicains qu'ils n'avaient fait auparavant, écrit l'administration de Vitré au Comité de salut public. Juste ciel, quelle paix ! »

Hoche, indigné d'un tel manque de foi, obtient l'autorisation de faire arrêter quelques-uns des auteurs de la trahison, et se met en mesure de déjouer leur plan.

Voici sa correspondance, presque jour par jour et au cours des événements, avec le Comité de salut public et avec des représentants en mission :

« Je vous préviens, sous le secret, que les Anglais

débarquent dans l'anse de Quiberon. » — « Je prie le Comité d'être tranquille sur les suites du débarquement. Qu'il m'envoie de la cavalerie. » — « Il a dû débarquer de huit à dix mille émigrés, sous la protection de l'escadre anglaise. Tous les chouans du Morbihan sont réunis. Mon dessein est de n'avoir point d'affaires particulières : elles aguerriraient les chouans ; mais bien une action générale , dans laquelle nos troupes déploieront leur valeur accoutumée. Je saisirai cette nouvelle occasion de prouver mon attachement à la République. » — « L'instant est arrivé où les rebelles seront anéantis. » — « Les anglo-émigrés-chouans sont, comme des rats, renfermés dans Quiberon, où l'armée les tient bloqués. Annoncez cette nouvelle aux bons citoyens. » — « Les valeureuses troupes que je commande ont, à deux heures du matin, emporté d'assaut le fort Penthièvre et le camp retranché de la presqu'île, dont elles se sont emparé sans faire *halte*. N'ayant d'autre alternative que de se jeter à la mer ou d'être passée au fil de la baïonnette, la *noble* armée a mis bas les armes. Donnez avis de cette opération aux amis de la patrie. »

Telle fut, en effet, l'issue de l'expédition de Quiberon. Le fort Penthièvre, placé sur une langue de terre sablonneuse, défendait l'entrée de la presqu'île. Puisaye y avait arboré le pavillon du roi d'Angleterre à côté de celui des Bourbons, et ce spectacle porta à son comble l'exaspération des soldats français. L'union des royalistes avec l'étranger amenait par contre-coup cet heureux résultat d'effacer toutes les divisions dans les cœurs des patriotes. Sur des renseignements donnés par quelques républicains enrôlés de force dans les prisons d'Angleterre, et qui avaient ensuite rejoint l'armée nationale, Hoche proposa de donner l'assaut. Des ingénieurs, dans le conseil de guerre, taxèrent ce projet de témérité. Hoche, *franchissant les limites de l'art,* disposé ses troupes en trois colonnes d'attaque, et se met en marche. Un orage affreux les surprend sur cette mer de sable et rompt à chaque instant leurs rangs ; mais en même temps, il rassure l'ennemi contre la pensée d'une surprise. Au jour naissant, on est devant le fort, en butte à son feu et à celui des canonnières anglaises. On hésite, on croit l'entreprise manquée. Tout à coup, le drapeau tricolore flotte sur le rempart. L'intrépide Ménage et deux cents grenadiers, ont marché dans la mer, ayant de l'eau jusqu'à la ceinture ; ces braves se sont glissés de rocher en rocher, à travers la mitraille anglaise ; ils ont gravi jusqu'au sommet de la forteresse, ils y sont entrés l'épée à la main : audacieux projet, audacieusement exécuté ; non pas improvisé cependant, car nous lisons dans le plan d'attaque dressé par Hoche : « L'adjudant-général Ménage culbutera les grandes gardes de l'ennemi, leur passera sur le corps, et marchera droit au fort. Après avoir franchi la palissade, il suivra par sa gauche le fossé jusqu'à la gorge. Il ne fera pas tirer un coup de fusil. » Ce qui aurait été difficile, d'ailleurs, l'humidité ayant mis les armes à feu hors de service.

Maîtres du fort Penthièvre, les républicains balayèrent la presqu'île. Les émigrés luttaient en désespérés, n'ignorant pas que, pris les armes à la main, la loi serait inexorable à leur égard. Ils envoyèrent un parlementaire, auquel fut répondu : « Mettez bas les armes, ou vous serez jetés à la mer. » Quelques-uns se noyèrent volontairement ; les autres se rendirent à discrétion. Aucune capitulation ne leur fut accordée. Les femmes et les enfants furent immédiatement relâchés ; les hommes subirent les rigueurs de la loi.

On trouva et l'on brûla pour plus de dix milliards de faux assignats apportés d'Angleterre par les émigrés. Les approvisionnements de tout genre étaient immenses : « Ce qui pourra nous embarrasser le plus, c'est le défaut de transport, » dit le général dans sa relation au Comité de salut public. Quant à lui-même, il demanda l'autorisation de prendre, en les payant, six selles, six brides, des fers de cheval, quelques bouteilles de rhum et quelques pains de sucre. « L'armée, dit-il, s'est on ne peut mieux conduite. Vous savez, citoyens, qu'en d'autres temps je ne vous ai pas caché la vérité. Je lui dois aujourd'hui ce témoignage : aucun soldat n'a commis aucun excès. »

La guerre de la Vendée n'était pas finie après Quiberon. Peu de jours s'étaient écoulés que déjà Hoche disait : « La contre-révolution semble engourdie en Bretagne ; mais ce moment d'un silence morne est le présage d'un orage nouveau. » En effet, on parlait d'un autre convoi d'émigrés que les vaisseaux anglais allaient jeter sur nos côtes. « Loin de nous la terreur, écrit Hoche au Comité de salut public, mais que la justice ne soit pas un vain mot. » — Et enfin : « Quelque chose qui arrive, je crois pouvoir répondre du bout que je tiens. »

Le gouvernement du Directoire, qui succéda à celui du Comité de salut public, conserva toute sa confiance au général, et réunit dans ses mains, sous le nom d'*armée des Côtes-de-l'Océan*, celles de l'Ouest, des Côtes-de-Brest et des Côtes-de-Cherbourg (cent mille hommes), avec tous les pouvoirs civils que confère l'état de siége. Aucun général, depuis la Révolution, n'avait exercé à l'intérieur une pareille puissance.

Mais Hoche se montra digne de sa dictature, car il s'empressa d'expliquer l'usage qu'il voulait en faire : « Sachez que, fils aînés de la Révolution, nous abhorrons le gouvernement militaire : il est celui des esclaves. »

Et, dès qu'il crut pouvoir la déposer sans danger pour la République : « Je déclare la ville de Nantes hors d'état de siége. J'ai gémi plus d'une fois de cette mesure. Il m'est doux de la faire cesser. »

Ce n'est pas seulement la guerre qui menaçait la vie du général en chef. A quatre reprises différentes, ans l'année 1796, des attentats furent dirigés contre lui. Une fois, on chercha à l'empoisonner dans un banquet; une autre fois, au sortir du théâtre, à Rennes, un coup de pistolet fut tiré sur lui par un mercenaire dont il ordonna de secourir la famille indigente. La haine que lui portaient les chouans était si enragée, que, ne pouvant atteindre sa personne, ils s'en prirent à ses chevaux : trois d'entre eux furent trouvés, dans son écurie, les yeux crevés avec des aiguilles.

Les directeurs du parti employaient d'autres moyens, ceux de la cabale et de la séduction. Ils firent miroiter à ses yeux l'épée de connétable, que le royalisme tient toujours en réserve pour les Monck. Voici dans quels termes Hoche rend lui-même compte au Directoire d'une tentative de ce genre :

« Il m'a été dernièrement envoyé une femme célèbre dans ce pays d'intrigue et de contre-révolution, à l'effet de me demander la mise en liberté d'un prêtre. Bientôt la conversation s'engagea sur les affaires du temps; elle se loua beaucoup de leur état et de la tranquillité dont les départements jouissent. Seulement, me dit-elle, ces messieurs craignent le retour de la Terreur (car terreur est le cheval de bataille). Oh! général, si vous saviez comme vous êtes aimé, comme vous seriez plus aimé encore, si l'on savait que vous n'êtes pas terroriste! Dites-moi donc, général, si la terreur revenait, que feriez-vous? — Pourquoi? — C'est que nos messieurs voudraient la combattre sous vos ordres. — Fort bien; mais en cas de réussite où irions-nous? — Où nous irions, général? Tenez, on sait positivement que le retour à la monarchie est impossible : on conserverait la constitution actuelle...; mais on dit que vous êtes de la faction d'Orléans? — Moi, madame, je suis son plus grand ennemi. — Eh bien! général, on ne demanderait qu'un président perpétuel du Directoire. — En vérité, madame! et ce serait le roi de Vérone, qu'en dites-vous? — Bon, général! »

« Qu'en dites-vous, à votre tour, citoyens directeurs? J'ai conclu de ce simple dialogue qu'il n'était pas difficile aux royalistes de fomenter une insurrection contre vous et le Corps législatif, et que peut-être alors demanderait-on à marcher sous les bannières républicaines pour réélire plus aisément un roi. »

Hoche résista à ces assauts, dangereux pour une ambition moins haute que la sienne; il sut résister également à ceux de cette humeur noire qui avait déjà failli le perdre, et dont il s'accusait lui-même devant le Directoire avec une simplicité touchante :

« Froissé par la calomnie, je me suis abandonné à la douleur la plus profonde. Le Directoire le pardonnera à mon âge, à mon inexpérience. Mais malheur aux ennemis du gouvernement républicain! je vengerai sur eux les fautes que j'ai pu commettre. »

Hoche termina énergiquement et rapidement son œuvre de pacification.

L'escadre anglaise qui nous menaçait d'un nouveau débarquement fut obligée de lever l'ancre; Stofflet et Charette, les deux chefs militaires les plus redoutables de la Vendée et de l'Anjou, furent isolés l'un de l'autre, pris et fusillés. Même envers eux, Hoche n'employa la rigueur qu'après avoir offert à ces hommes des moyens de passer à l'étranger, persuadé que leur absence de la contrée suffirait pour apaiser l'insurrection des malheureux paysans qu'ils égaraient.

Le 28 messidor an IV (15 juillet 1796), Carnot,

président du Directoire, put annoncer dans un message au Corps législatif la fin de la guerre civile :

« Il est impossible, dit-il, de vous faire connaître par le détail combien est grande la reconnaissance que la Patrie doit à l'armée des Côtes-de-l'Océan et au brave général dont elle a si bien secondé les talents. »

« On a décrété aujourd'hui que nous avions bien mérité de la patrie, » écrit aussitôt avec un transport de joie le pacificateur de la Vendée à l'un de ses lieutenants.

Et à sa femme : « La paix est faite, et ton mari vainqueur se porte bien. Aie bien soin de notre petit enfant. Je t'embrasse. »

Hoche va-t-il prendre un peu de repos maintenant? Non. Depuis plus d'un mois, il avait écrit de Bretagne : « Je crois que le Directoire pourrait penser à une expédition sérieuse sur les côtes d'Angleterre. » On y songeait en effet au Directoire, comme on y avait songé au Comité de salut public. L'ouverture de Hoche fut donc accueillie avec empressement. Il vint à Paris, où le plan de l'expédition projetée fut délibéré chez Carnot, entre ce membre du Directoire, le ministre de la marine Truguet et le général lui-même, désigné pour la commander.

Les préparatifs se firent à Brest, sous sa direction, avec tant d'intelligence, que le contre-amiral Bruix dit à cette occasion : « Hoche me semble le meilleur ministre de la marine que l'on puisse trouver en France. »

Mais ce n'est pas sur l'Angleterre que le coup fut directement porté. On voulut la frapper dans sa plaie sensible, en Irlande. Hoche rédigea une proclamation au peuple irlandais, où il énumérait ses griefs contre la longue oppression de l'Angleterre, et faisait appel à son droit d'autonomie nationale. L'armée française amenait d'ailleurs avec elle un homme dont la présence eût suffi pour éclairer le but de l'expédition; c'était Wolfe Tone, un de ces patriotes irlandais qui avaient essayé d'importer dans leur pays les idées de rénovation. Wolfe Tone arrivait des États-Unis d'Amérique, porteur de lettres de l'ambassadeur de France pour Carnot, qui l'avait mis en rapport avec Hoche.

La flotte, commandée par l'amiral Morard de Galles, se composait de 17 vaisseaux de ligne et de 26 bâtiments d'ordre inférieur; elle portait 15,000 hommes avec des armes pour 40,000 Irlandais. On évita les croisières anglaises; mais on n'évita pas une tempête qui dispersa plusieurs navires. La frégate *la Fraternité*, que montaient ensemble le général en chef et l'amiral, fut malheureusement du nombre. Le reste de la flotte atteignit la baie de Bantry, lieu du rendez-vous; mais aucun des officiers supérieurs ne se crut autorisé à agir en l'absence de Hoche. Après dix jours d'attente, on regagna les ports de France, et quand la *Fraternité* put aborder à son tour, elle se trouva seule. Hoche revint désespéré.

Bien loin que l'insuccès de l'expédition d'Irlande eût ébranlé la confiance du Directoire, Hoche, à son retour, obtint le commandement de l'armée de Sambre-et-Meuse : quatre-vingt mille hommes éprouvés et bien équipés. Ses meilleurs lieutenants d'autrefois, Grenier, Championnet, Lefèvre, en faisaient partie, ainsi que son chef d'état-major dans la Vendée, Chérin, le fils du célèbre généalogiste. « Il n'est pas possible de voir une armée plus belle, plus brave et mieux disciplinée, s'écria-t-il ; avec elle, un général est sûr de vaincre... Rien ne pourra m'empêcher d'aller à Vienne. » L'armée, de son côté, accueillit avec enthousiasme le triomphateur de la Vendée. Sa renommée était si bien établie qu'à son arrivée à Cologne, le sénat de cette grande ville lui offrit le vin d'honneur. Quant au parti royaliste, il fit de lui, à cette époque, par la plume d'un de   écrivains favoris, un portrait qui ne le recommande pas moins : « Cet officier, ancien sergent aux gardes françaises, est un républicain fanatique, violent, audacieux, actif, diligent, un vrai Jacobin. » (Mallet-Dupan.)

Entre ses habiles mains, l'organisation de l'armée fut bientôt complétée ; au printemps tout était prêt. « Hoche voulait s'avancer jusqu'au cœur de l'Allemagne, dit M. Thiers ; jaloux de signaler ses vues politiques, il voulait suivre l'exemple du général d'Italie, et créer à son tour une république cis-rhénane, indépendante mais alliée à la nôtre, avec les provinces d'entre Rhin et Meuse, si ces provinces n'étaient pas incorporées à la France même. »

Bouillant d'impatience, Hoche n'attendit pas le retour de Moreau, qui était allé à Paris solliciter des fonds pour entrer en campagne. Dans la nuit du 18 avril 1797, il franchit le grand fleuve à Neuwied, chassant devant lui le maréchal autrichien Kray, gagna trois batailles et cinq combats, fit faire à ses soldats victorieux trente-cinq lieues en quatre jours. Appuyé par une manœuvre audacieuse de Desaix, il allait envelopper son ennemi et lui faire mettre bas les armes, quand la nouvelle de l'armistice signé par Bonaparte à Léoben l'arrêta tout à coup. « Tu aurais bien dû t'amuser en route, » dit Lefèvre au courrier qui apportait cette dépêche. Régulièrement, elle devait passer d'abord sous les yeux du gouvernement français, et une journée de retard eût probablement rendu complet le triomphe de Hoche. On en a fait reproche à Bonaparte. Cependant, Hoche ne se montra sensible qu'à la joie de voir cesser l'effusion du sang. « L'armée de Sambre-et-Meuse, écrit-il au Directoire, a accueilli cette paix avec la plus vive émotion. » Et à sa femme : « La paix est faite, ma bonne amie ; ton mari vainqueur se porte bien et t'embrasse. Prends bien soin de notre petit enfant. »

Toujours prompt à l'action, Hoche retourne aussitôt à son idée de l'expédition d'Irlande. Une escadre
hollandaise armait au Texel. Il y court secrètement
et la voit partir. Puis il rentre dans son quartier-
général de Francfort pour mettre ses détachements
en état d'aller eux-mêmes s'embarquer à Brest.

A Francfort l'attendaient des ouvertures de Barras, qui préparait son coup d'Etat de fructidor.

Le Directoire, après des débuts qui semblaient
promettre une administration régulière et l'apaise-
ment des partis, s'était discrédité dans l'opinion
publique par ses divisions et par la conduite per-
sonnelle de quelques-uns de ses membres. Les
réactionnaires avaient profité d'un renouvellement
partiel pour pénétrer dans le Corps législatif, et ils
y formaient déjà une opposition redoutable. Cependant, des mesures sages et fermes auraient pu rendre
à ce gouvernement sa popularité compromise et
consolider la République.

Mais, comme tous les pouvoirs qui manquent de
force morale, il résolut d'employer la violence ; et
pour faire des partisans à son entreprise, il jeta
l'alarme dans les esprits en exagérant les dangers
que courait la France d'une restauration monar-
chique, en évoquant le fantôme blanc, comme
d'autres, plus tard, ont évoqué le spectre rouge.

C'est auprès des armées, très-républicaines, que
ce moyen réussit le mieux. On provoqua de leur part
des adresses d'adhésion au Directoire. Celle de
l'armée du Rhin, où commandaient Moreau et
Bernadotte, s'exprima dans un langage modéré et
constitutionnel. Il en fut autrement à l'armée
d'Italie : l'ambitieux Bonaparte prononça un discours véhément contre le Corps législatif, fit sonner
le pas de charge pour accompagner un toast mena-
çant, et s'écria au nom de ses soldats : « Si vous
avez besoin de forces, appelez les armées. »

Celui-là serait volontiers venu secourir le gouvernement, comme l'homme de la fable vient en aide au cheval, sous prétexte de le venger du cerf, et le monte, et le dompte, et lui fait payer ses services d'*un bien sans qui les autres ne sont rien*, la liberté.

Le Directoire se défia de cette protection inté-ressée. Il aima mieux s'adresser à un général dont l'histoire a pu dire : « Il n'avait pas cette coupable audace d'esprit qui peut porter un capitaine illustre à ambitionner plus que la qualité de citoyen. » (Thiers.)

Mais pour entraîner Hoche, il fallait user de sur-prise et tromper sa ferveur républicaine sur le véri-table caractère de l'entreprise dans laquelle on vou-lait l'engager.

On lui laissa croire que les propositions de Barras étaient faites au nom du gouvernement tout entier, convaincu de son impuissance à sauver la Répu-blique sans sortir des voies légales ; tandis qu'effec-ctivement trois des directeurs, ne pouvant déter-miner leurs collègues à une violation de la Consti-tution, avaient résolu de passer sur leurs corps pour atteindre l'Assemblée législative.

C'est ainsi que Hoche, le noble et sincère Hoche, sous prétexte de déjouer une conspiration monar-chique contre le gouvernement qu'il aimait, accepta trop facilement de servir un attentat politique inspiré par des ambitions et des haines person-nelles.

On s'explique sa conduite, quand on se rappelle qu'une année auparavant, témoin des manœuvres royalistes qui entravaient son action dans la Vendée, et irrité des tentatives de séduction auxquelles lui-même était en butte, il avait écrit au Directoire :

« Trop de vos amis vous abandonnent. N'attendez pas que le reste se livre au désespoir et se perde en voulant sauver illégalement la République. »

Hoche avait passé sa vie dans les camps, où l'on ne contracte pas toujours un grand respect des

devoirs civiques. Il avait d'ailleurs *une sorte d'immo-
dération dans l'esprit*, selon l'expression d'un de ses
contemporains, Barère, qui a pourtant écrit son
éloge. En compulsant les documents de sa vie, en
effet, nous avons pu voir que Hoche n'était pas
demeuré étranger à l'exaltation révolutionnaire ;
il avait même plus d'une fois employé, jusque dans
ses communications officielles, le langage mis à la
mode par le Père Duchesne.

Enfin, Hoche voyait deux de ses anciens antago-
nistes personnels, Willot et Pichegru, devenus les
généraux du royalisme ; l'idée de leur être opposé
comme le général des républicains ne pouvait pas
lui déplaire.

Il mit donc à la disposition du gouvernement sa
personne, son armée et ses ressources pécuniaires.

Mais il pensait du moins que le combat aurait
lieu à ciel ouvert, comme celui du 13 vendémiaire ;
il était loin de croire qu'on imposerait à sa loyauté
un rôle odieux, pareil à celui qu'il avait repoussé,
l'année précédente, avec indignation : « Au temps
où nous vivons, avait-il répondu, peu d'officiers
généraux se chargeraient de remplir les fonctions de
gendarmes, bien que beaucoup soient disposés à
combattre les factions et les factieux. » Nous sommes
heureux de savoir qu'il ne voulut pas aller jusqu'au
bout.

Un prétexte se présentait pour justifier le mouvement vers Paris des détachements de l'armée de
Sambre-et-Meuse, puisqu'ils étaient destinés à l'expédition d'Irlande et devaient s'embarquer à Brest.
Le long du chemin, on leur répétait qu'ils allaient
mettre les Conseils à la raison.

Mais il n'était pas permis de faire entrer ces
troupes dans la capitale : la loi constitutionnelle
avait tracé autour du siége de l'Assemblée nationale
un rayon que les soldats ne devaient point fran-
chir. On les fit donc approcher jusqu'à l'extrême

limite de cette zone, on la leur fit même dépasser quelque peu. Et pour faciliter au général Hoche l'accomplissement de sa tâche, on le désigna comme ministre de la guerre. Cependant, la Constitution aussi exigeait au moins trente ans pour le ministère.

Cette double illégalité souleva dans l'Assemblée des discussions très-vives, qui commencèrent à ouvrir les yeux de Hoche. Il les ouvrit tout à fait lorsque Carnot, président du Directoire, l'ayant mandé au Luxembourg, l'interrogea sévèrement sur les motifs de sa venue et de celle de ses soldats.

Hoche s'expliqua avec un certain embarras. Les conspirateurs, qui étaient présents, et que ces questions visaient très-directement, gardèrent un lâche silence. Hoche, courroucé, fit une scène à Barras, qui avait surpris sa bonne foi, demanda une enquête sur sa conduite et retourna à son armée. Là, nous voyons son attitude hésitante, abattue : il prononce un discours assez révolutionnaire à l'anniversaire du 10 août ; il fait faire à ses troupes des marches et des contre-marches inexpliquées ; les angoisses de sa conscience sont révélées par des paroles que ses biographes ont eu raison de recueillir, car elles lui font honneur : « Je vaincrai les ennemis de la République, et quand j'aurai sauvé ma patrie, je briserai mon épée. »

Que se passe-t-il à Paris après son départ? Sa mission est aussitôt transmise, avec le commandement de la première division militaire, à l'un des lieutenants de Bonaparte, qui venait de se distinguer par la fougue de ses attaques contre l'Assemblée. Augereau, homme de coup de main, véritable condottiere, qui disait hautement : « Je suis envoyé pour tuer les royalistes, » accomplit sans scrupule l'œuvre honnêtement abdiquée par Hoche : il arrêta Willot et Pichegru, il arracha les épaulettes de

Ramel, et, le lendemain du 18 fructidor, fut salué du titre de *Sauveur de la Patrie*.

Revenons auprès de Hoche, qui avait repris son commandement, avec le titre de général en chef de l'armée d'Allemagne.

Quel affligeant spectacle que celui de cet homme loyal, entraîné dans une aventure bonne pour un ambitieux de l'espèce vulgaire !

Si ses répugnances instinctives n'eussent pas été soudainement éclairées, c'est sur sa noble mémoire que pèserait un crime d'État, précurseur du 18 brumaire.

Dans l'antiquité, quand l'existence du citoyen et celle du soldat se confondaient, l'alliance des vertus civiques et des vertus militaires était le fait commun. Mais l'établissement des armées permanentes, érigeant le militarisme en profession spéciale, a créé une éducation spéciale aussi pour ceux qui s'y consacrent : par suite, un orgueil de caste et des pensées de domination.

Instituée pour un but qui est sa gloire, la défense du sol national, l'armée ne peut, ni sans crime ni sans danger pour le pays, intervenir dans les débats de sa politique intérieure. C'est pourtant à cela que conduit le préjugé du sabre et de l'uniforme.

Par la tentation à laquelle faillit succomber un général plus exempt de ce préjugé que la plupart des militaires, on peut juger combien il importe qu'une éducation vraiment civique s'attache à détruire le mal dans sa source, en inspirant à tous également le respect des institutions et des pouvoirs qu'elles ont créés. La victoire remportée par Hoche sur lui-même dans cette occasion fait apparaître la véritable grandeur de son caractère, et justifie cette inscription gravée sur le piédestal de sa statue :

« S'il eût vécu, sa gloire toujours croissante n'eût jamais rien coûté à la liberté de sa patrie. »

Très-peu de temps après son retour à Wetzlar,

Hoche fut pris d'une toux sèche et fréquente, à laquelle succédèrent des douleurs d'entrailles insupportables ; un feu intérieur semblait le consumer : « Suis-je donc vêtu de la robe de Nessus ? » s'écriait-il.

Et le 15 septembre 1797, il expira au milieu de ses amis éplorés, de ses soldats consternés : « O ma patrie ! ô mes camarades ! » Ce furent les derniers mots qui sortirent de sa bouche. Il avait vingt-neuf ans et trois mois.

Le clameur publique attribua sa mort au poison. L'autopsie, cependant, n'en donna pas de preuves certaines.

Les restes de Hoche, transportés à Coblentz, furent réunis à ceux de Marceau, l'un de ses dignes émulos, tombé sur le champ de bataille, une année auparavant. Les soldats impériaux formèrent la haie sur le passage du cortége, vis-à-vis de nos soldats républicains.

Paris célébra la mémoire de Hoche par une fête comme celles que l'antiquité consacrait à ses héros. La famille du mort y eût une place d'honneur, et son vieux père conduisit le deuil. Tous les corps de l'État y assistèrent ; le président du Directoire harangua le peuple assemblé au Champ-de-Mars ; l'Institut national fit prononcer l'oraison funèbre du grand capitaine ; des chœurs costumés à l'antique chantèrent un hymne composé par Chénier et mis en musique par Cherubini.

Les Directeurs trouvèrent cependant moyen d'adresser, à l'occasion de Hoche, une flatterie à la puissance du jour qu'ils redoutaient : on put lire ces mots sur une inscription : « Il allait être le Buonaparte du Rhin. »

Mais Bonaparte, devenu consul et empereur, laissa dans l'oubli la mémoire de son ancien rival de triomphe ; la Restauration aussi, naturellement. C'est trente-cinq ans plus tard seulement que la ville natale de Hoche lui érigea une statue de bronze et donna son nom à l'une de ses places publiques.

Il était digne de pareils honneurs; et si, par dévoûment à la vérité, nous n'avons pas craint de laisser voir dans cette notice quelques traits d'ombre sur la grande figure de Hoche, c'est parce que nous savons qu'elle n'en demeurera pas moins resplendissante de lumière dans les pages de notre histoire nationale.

FIN

Imp. Moderne (Barthier, D^r), rue J.-J.-Rousseau, 61

DÉCHÉANCE
DE NAPOLÉON III ET DE SA DYNASTIE
Votée par l'Assemblée nationale, à l'unanimité, moins 6 voix
Dans sa séance du 1er mars 1871
« L'Assemblée nationale clôt l'incident, et, dans les circonstances douloureuses que traverse la patrie et en face de protestations et de réserves inattendues, confirme la déchéance de Napoléon III et de sa dynastie, déjà prononcée par le suffrage universel, et le déclare responsable de la ruine, de l'invasion et du démembrement de la France.

INSTRUCTION RÉPUBLICAINE
SOCIÉTÉ DU PATRIOTE, PARIS, 6, R. Ste-CATHERINE-D'ENFER

Extrait du catalogue des brochures à 15 c.
20 c. par poste.

N° 19. **La Vérité sur Sedan**, par un Officier supérieur, 7e éd.

N° 20. **Ce que coûte un Empire**, par George, député des Vosges, 5e édit.

N° 21. **Invasion IV**, par Pierre Lefranc, député des Pyrénées-Orientales.

N° 22. **Les Décembriseurs**, par V. Schœlcher.

N° 23. **L'Appel au Peuple**, par Jules Barni, député de la Somme.

N° 24. **L'Empire et la candidature officielle**, par W. Gagneur, député du Jura.

N° 25. **Le Bonapartisme et l'ordre**, par Garnier-Pagès.

N° 26. **Ce qu'on pensait de l'Empire à l'étranger**, par Esquiros, représentant des Bouches-du-Rhône.

Nos 28-29. — **La Conspiration bonapartiste** (1re et 2e parties). Extraits de la déposition du préfet de police devant la commission d'enquête sur l'élection de la Nièvre.

N° 30. **Cléricaux et Bonapartistes**, par P. Joigneaux député de la Côte-d'Or.

CONDITIONS DE PROPAGANDE :
Expédition en port dû.

50 exemplaires .... 5 fr. 50
100 — 10

Pour renseignements, s'adresser à M. MARAIS, administrateur-trésorier, 6, rue Sainte-Catherine-d'Enfer.